Inhaltsverzeichnis

Vorbemerkungen / Hinweise zu einzelnen Aufgaben

„Streitende sollten wissen, dass nie einer ganz recht hat und der andere ganz unrecht.“ (Kurt Tucholsky)
Streiten oder auch mit Konflikten umgehen gehört zur Entwicklung von Kindern unbedingt dazu. Streiten prägt unseren Charakter und stärkt zwischenmenschliche Beziehungen. Eine Auseinandersetzung, in der zwei Personen anderer Meinung sind, hilft dabei, sich auszutauschen und neue Sichtweisen kennenzulernen. Fragt man Kinder, welches die größten Probleme in ihrem täglichen Miteinander sind, nennen sie als Erstes das Thema „Streit“. Und genau um dieses Thema geht es in dem Bilderbuch „Das gehört mir!“ von Leo Lionni. Das Bilderbuch ermöglicht Ihnen, ausgehend von der Geschichte, mit den Kindern vielfältige Zugänge zu den Themen Konflikte, Streit und Freundschaft zu erleben und kennenzulernen.

Zum Inhalt des Buches:
Das Bilderbuch handelt von drei Fröschen, Milton, Rupert und Lydia, die gemeinsam auf einer Insel im Regenbogensee leben. Ständig und jeden Tag zanken und zetern sie. Sie streiten sich darum, wem von ihnen das Wasser, wem die Luft und wem das Land gehört. Einer großen Kröte geht der andauernde Streit in der Nachbarschaft auf die Nerven. Doch die Frösche hören nicht auf die Kröte. Als nun diese wieder weg ist, wird es auf der Insel dunkel. Ein schweres Gewitter zieht auf. Es regnet stark und bald steht alles unter Wasser. Schließlich ragt nur noch ein Stein aus dem Wasser, auf dem die drei Frösche zusammenrücken. Nun merken sie, wie froh sie sind, sich gegenseitig zu haben. Sie hören auf zu streiten und kommen gemeinsam besser durch die schwere Situation hindurch. Als das Wasser wieder sinkt, merken sie, dass es kein Stein war, auf dem sie Rettung gefunden hatten, sondern die Kröte. Von nun an leben die Frösche harmonisch und friedvoll zusammen. Sie stellen fest, dass es für sie das Schönste ist, dass ihnen alles gemeinsam gehört.

Das Bilderbuch wurde im Literaturprojekt in vier Leseabschnitte unterteilt:

Leseabschnitt	**Seite (gezählt ab der ersten Seite Inhalt)**
Ständig Streit um nichts	S. 1 – 10
Die Kröte beschwert sich umsonst	S. 11 – 14
Die große Flut	S. 15 – 20
Die Rettung	S. 21 – 28

Zum Aufbau des Literaturprojektes
Unsere Klassen werden in den letzten Jahren auch im Sinne des inklusiven Gedankens und durch die Zuwanderung vieler Kinder, die die deutsche Sprache noch sehr wenig beherrschen, immer heterogener. Damit wird unsere Aufgabe, alle Kinder adäquat zu fördern, immer anspruchsvoller. Die Erwartungen an uns Lehrkräfte sind enorm hoch! Dieses differenzierte Material wird Ihnen hoffentlich helfen, Ihren Kindern gerecht zu werden. Aus diesem Grund ist das vorliegende Literaturprojekt fünffach differenziert und kann somit bereits im ersten Schuljahr eingesetzt werden: von keinen oder sehr basalen Lesefähigkeiten über das Lesen von Anlauten und Wörtern bis hin zum eigenständigen Lesen und Schreiben von kurzen Texten. Außerdem bietet Ihnen das Literaturprojekt auf das Vokabular des Bilderbuches abgestimmte Zusatzaufgaben zum Inhalt des Buches, zum Wortschatz und zur Konzentration.

Abgerundet wird es durch Angebote, die sich mit der Thematik „Streiten und Vertragen“ befassen. Eine Bild-Wort-Kartei zu allen im Buch vorkommenden wichtigen Begriffen soll Ihre Kinder beim selbstständigen Erarbeiten unterstützen. Die Arbeitsaufträge auf den Arbeitsblättern sind möglichst selbsterklärend gewählt worden und das Sprachniveau an die jeweilige Differenzierungsstufe angepasst.

Voraussetzung für die jeweilige Differenzierungsstufe:

- Differenzierungsstufe = Die Kinder benötigen keine Voraussetzungen bezogen auf den Schriftspracherwerb.
- Differenzierungsstufe = Die Kinder sollen schon einige Buchstaben sicher beherrschen und das Schleifen der Laute zu Silben verstanden haben. Sie können erste einfache Wörter schreiben.
- Differenzierungsstufe  = Die Kinder sollen Wörter und kleine Sätze erlesen und erste Wörter und kleine Sätze schreiben können.
- Differenzierungsstufe  = Die Kinder sollten auch komplexere Wörter und einfache Sätze erlesen und verstehen sowie eigene Gedanken in Ansätzen verschriftlichen können.
- Differenzierungsstufe  = Die Kinder sollten Sätze und Texte erlesen und inhaltlich damit umgehen können. Sie sollten eigene Gedanken in Sätzen und kleinen Texten verschriftlichen können.

Ideen für den gemeinsamen Unterricht:

Arbeit mit dem Titelbild

Vor dem eigentlichen Erzählvortrag des Bilderbuches können Sie mit dem Titelbild des Buches in den gemeinsamen Unterricht einsteigen. Das Bild dient zur Motivation und als gemeinsamer Gesprächsanlass. Hieran lassen sich folgende Fragen gemeinsam erarbeiten:

- „Was siehst du?“
- „Wen siehst du auf dieser Seite?“
- „Was machen die Frösche?“
- „Sind alle Frösche glücklich?“

Arbeit rund um die Schlüsselwörter „Streiten“ und „Versöhnen“

Um das Bilderbuch und die Thematik wirklich zu verstehen, ist es wichtig, dass den Kindern die Begriffe „Streiten“ und „Vertragen“ nähergebracht werden.

Mögliche Impulse:

- „Was ist eigentlich Streit? Erkläre es mit deinen eigenen Worten.“
- „Warum hast du dich schon einmal gestritten?“
- „Hast du dich schon mal mit deinem Freund / deiner Freundin gestritten?“

- „Was macht ihr, damit der Streit aufhört?"
- „Wie würdest du dir wünschen, dass der Streit beendet wird?"
- „Kann einer allein aufhören und den Streit beenden?"
- „Ist man noch befreundet, wenn man sich streitet?"
- „Wie fühlst du dich beim Streiten?"

Nach dem Lesen des Buches

Gemeinsame Überlegungen können im Unterricht getätigt werden:

- „Meine Lieblingswörter aus dem Buch sind ..."
- „Male oder schreibe auf, was dir besonders gut gefallen hat!"
- „Mein Lieblingsbild im Buch ist ..."
- „Wie sieht die Kröte den Streit?"

Idee für den Kunstunterricht

Auf Seite 13 und 14 im Bilderbuch sieht man, dass die Bilder mit wenigen Farben und Details auskommen und dadurch sehr eindrucksvoll sind. Die Kinder können die abgebildete Landschaft mit Wasserfarben in verschiedenen Grüntönen und auch Brauntönen nachmalen.

Seite 7: Bild-Wort-Kartei

Die Bild-Wort-Kartei enthält die wichtigsten Begrifflichkeiten. Die Nomen weisen neben dem Artikel immer eine passende Illustration zur visuellen Unterstützung auf. Die Artikel können von Ihnen in der entsprechenden Farbe (der = blau, die = rot, das = grün) markiert werden. Sie können die Wortschatzkarten sehr groß kopieren und für alle Kinder sichtbar im Klassenraum aufhängen oder die Karten den Kindern nach Bedarf als DIN-A4-Kopie zur Verfügung stellen. Die Tiere sollten bereits vor dem Lesen gezeigt und das Vokabular eingeübt werden. Sie können einige Tiernamen im Vorfeld den Kindern vorstellen. Die Kinder können dem Erzählvortrag dann leichter folgen. Die Karten bieten außerdem viele andere Umsetzungsmöglichkeiten. So können Sie diese für jede Art eines Memo-Spiels nutzen.

Seite 8 / 9: Kartei „Muss man sich da streiten?"

Die Karten der Kartei „Muss man sich da streiten?" eröffnen vielfältige Möglichkeiten, um diese im Unterricht einzusetzen. Sie können mit Hilfe der Karten verschiedenste Situationen aus der kindlichen Lebenswelt besprechen und gemeinsam mit den Kindern überlegen, ob es immer zum Streit kommen muss oder wie man Streit verhindern kann. Genauso ist es wichtig, anschließend mit den Kindern zu thematisieren, wie der Streit beendet werden könnte.

Wenn einige Kinder möchten, können sie die Situationen auch im Rollenspiel nachspielen und anschließend gemeinsam reflektieren. Sie können die Karten auch einzeln als Schreib- und Erzählanlässe einsetzen.

Außerdem ist es möglich, die Impulse zur Wissensüberprüfung im gemeinsamen Unterricht oder auch als „Überprüfung" in Einzelgesprächen einzusetzen.

Du leihst einer Freundin ein Spielzeug aus. Als sie es zurückgibt, ist es kaputt.

Spiel: „Du Tomate du!"

Immer zwei Kinder bilden ein Paar und dürfen sich beschimpfen, was sonst nicht erlaubt ist. Sie dürfen sich dabei allerdings nicht berühren und auch keine richtigen Schimpfwörter benutzen! Es sind nur vorgegebene Begriffe aus unterschiedlichen, festgelegten Themen erlaubt, zum Bespiel zu

Gemüse (Tomate, Gurke ...). Zunächst dürfen sich die Kinder so laut beschimpfen, wie sie können. Auf ein Zeichen werden sie dann immer leiser. Ziel dieses Spiels ist ein gezielter Wutabbau. Beim Schreien können Kinder ihre angestauten Aggressionen schnell und lautstark abbauen.

Spiel: „Wenn ich zornig bin, dann ...“
Die Kinder stehen im Kreis. Ein Kind tritt in die Kreismitte und ergänzt den Satz „Wenn ich zornig (wütend, traurig, beleidigt ...) bin, dann ...“. Anschließend ergänzt das Kind den Satz durch eine Pose oder durch Worte. Es tritt dann wieder aus der Kreismitte heraus. Alle anderen Kinder gehen daraufhin einen Schritt in den Kreis und machen das Kind nach. Dieses Spiel gehört in den Bereich der „Call- and Response-Spiele“. Sie können verschiedene Gefühle in das Satzmuster einsetzen. Hierbei erlangen die Kinder ein Repertoire, mit den Gefühlen umzugehen. Die Seite 39 „Gefühle beim Streit“ kann anschließend bearbeitet werden. Die Illustrationen können als Impuls für die unterschiedlichen Gefühle genutzt werden.

Viel Spaß bei der Bearbeitung des Literaturprojektes!
Kathrin Zindler

Mein Lese-Begleit-Heft zu:

Das gehört mir!

von Leo Lionni

Name: ______________________________

Klasse: ______________________________

BVK • Kathrin Zindler: Literaturprojekt zu „Das gehört mir!“

Bild-Wort-Kartei

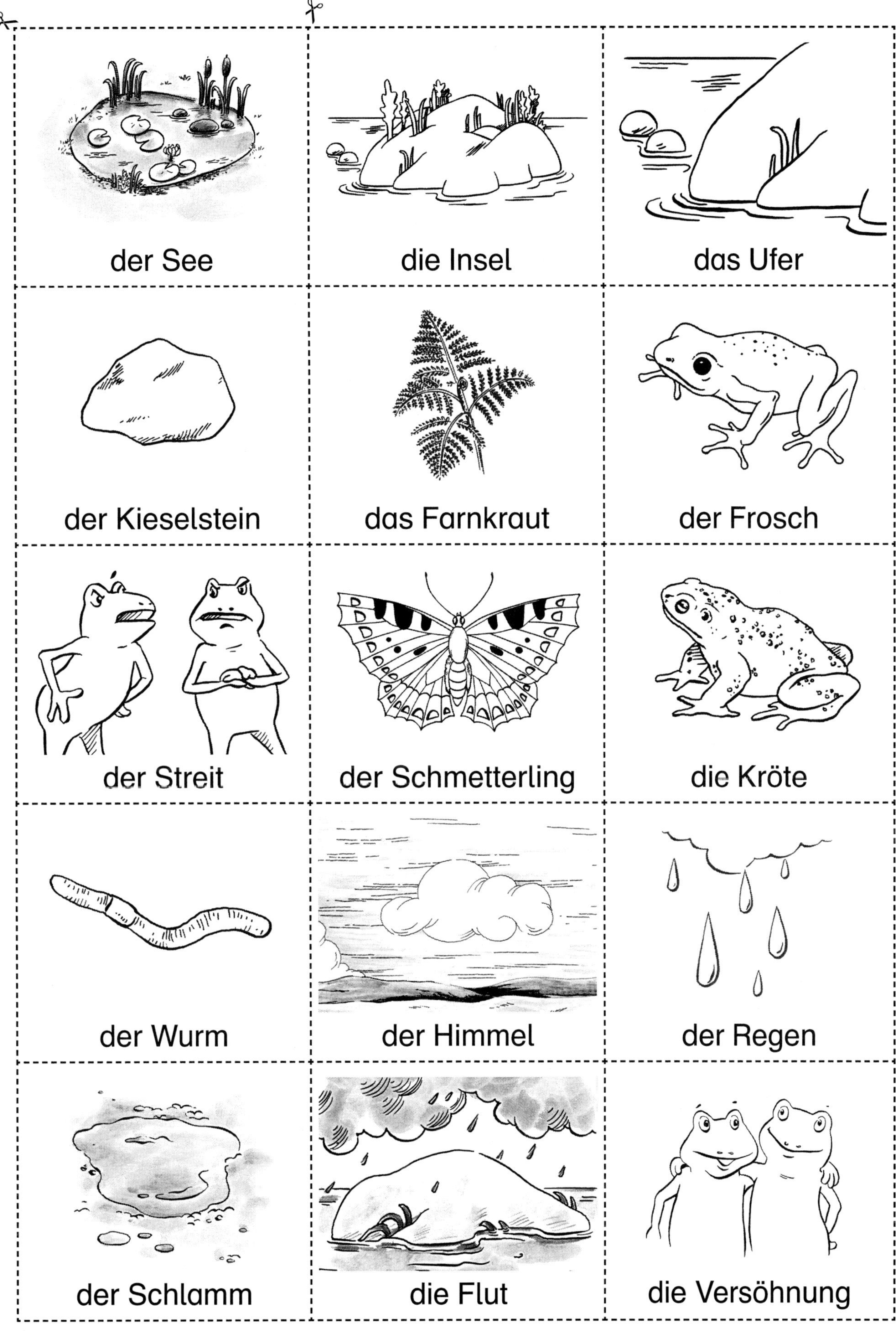

Kartei „Muss man sich da streiten?“ (1)

Du leihst einer Freundin ein Spielzeug aus. Als sie es zurückgibt, ist es kaputt.

Auf dem Schulhof hörst du, wie dein Freund mit jemandem über dich lästert.

Jemand hat beim Fußballspielen eine Scheibe zerschossen und alle sagen, du bist es gewesen.

Dir stellt jemand extra ein Bein. Du fällst hin und tust dir weh.

Du darfst beim Spielen auf dem Schulhof nicht mitspielen, weil du nicht so gut werfen kannst.

Deine Mutter sagt, dass du erst deine Hausaufgaben machen musst,bevor du zu deinem Freund darfst.

Ein Mädchen aus der zweiten Klasse beschimpft dich als „Doofi“.

Ein Junge aus der vierten Klasse schaut dich immer blöd grinsend an.

Ein Junge aus deiner Klasse macht dich den ganzen Tag nach.

Viele Kinder aus deiner Klasse dürfen mit dem Fahrrad zur Schule kommen. Deine Eltern wollen das nicht.

Kartei „Muss man sich da streiten?“ (2)

Deine Mutter sagt, du sollst dein Zimmer aufräumen, aber du hast gar keine Lust dazu.

Du möchtest dein neues T-Shirt zur Schule anziehen, aber dein Vater sagt nein.

Deine Eltern versprechen dir, nach der Schule mit dir Eis essen zu gehen. Sie haben aber keine Zeit und brechen ihr Versprechen.

Dein Vater möchte, dass du ihm im Garten hilfst. Alle deine Freunde spielen aber Fußball und du möchtest mitmachen.

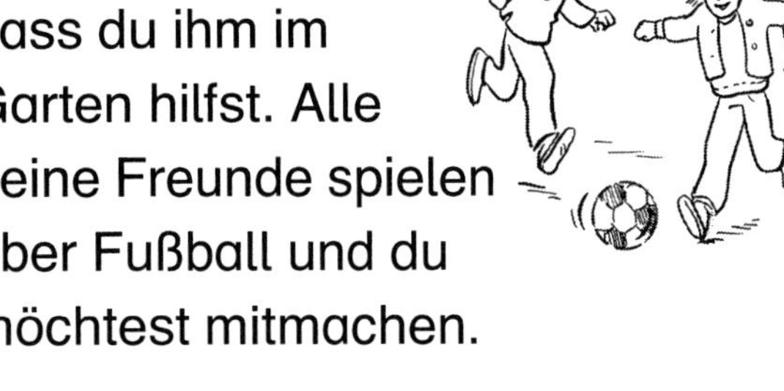

Du sollst ins Bett gehen, aber der Film ist gerade so spannend.

Du zeigst jemandem deine Sammelkarten. Als du sie wiederhaben willst, sagt er nein.

Deine Eltern nehmen dir dein Handy weg, weil du schon seit Stunden damit beschäftigt bist.

Du rennst in der Pause zur Spielekiste und ziehst an einem Ende des Seilchens. Das andere Ende hat ein anderes Kind in der Hand.

Deine Eltern wollen pünktlich zur Oma fahren, aber du hast getrödelt und bist nicht fertig.

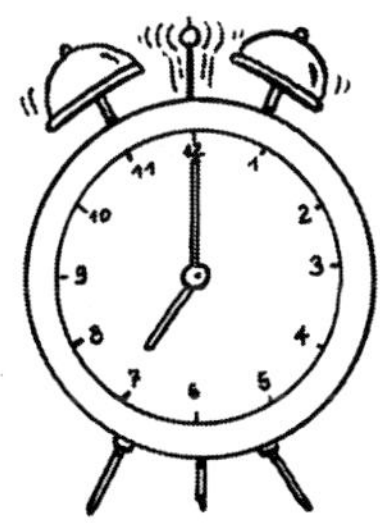

Du möchtest auf dem Schulhof schaukeln. Beide Schaukeln sind besetzt. Die zwei Kinder schaukeln schon seit Beginn der Pause.

Ständig Streit

1. Schaue genau. Welche Bilder passen zu der Geschichte?
2. Schneide sie aus.
3. Klebe sie auf die Felder und male die Bilder aus.

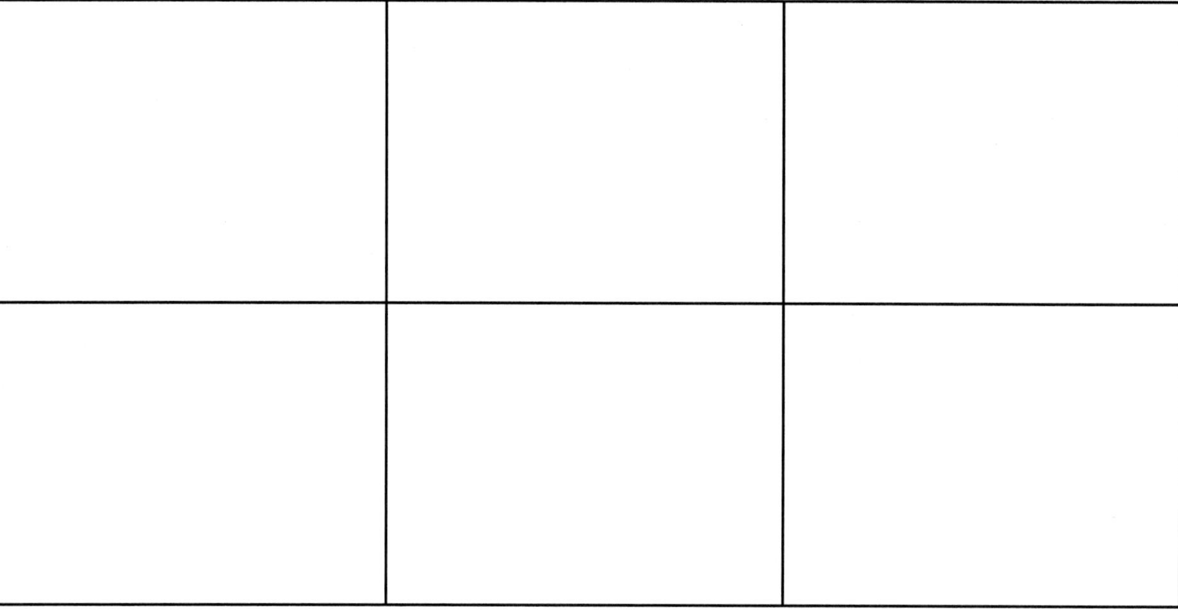

Die drei Frösche

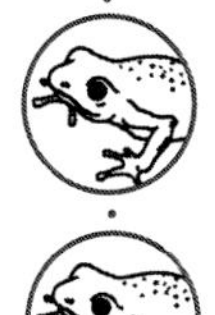

1. Wie heißen die drei Frösche? Schreibe auf.

2. Was will jeder Frosch ganz für sich allein?
   Male und schreibe jeweils unter den Namen.

Die drei Frösche streiten

1. Lies die Sätze.
2. Male passend aus und ergänze, was auf dem Bild fehlt.

Zwei grüne Frösche springen in das blaue Wasser.	Ein grüner Frosch sitzt auf der braunen Insel.
Drei grüne Frösche springen in die Luft.	Ein grüner Frosch versucht, einen bunten Schmetterling zu fangen.
Im blauen See liegt eine braune Insel mit vielen grünen Pflanzen.	Die drei grünen Frösche streiten den ganzen Tag.

BVK • Kathrin Zindler: Literaturprojekt zu „Das gehört mir!“

Die drei Frösche streiten sich

1. Lies die Sätze und ☒ kreuze richtig an.

Auf der Insel im See lebten	☐ drei Hasen. ☐ drei Frösche.
Die drei Frösche zankten sich	☐ nur morgens. ☐ immerzu.
„Das Wasser gehört mir!“, quakte	☐ Milton. ☐ Lydia.
„Die Erde gehört mir!“, quakte	☐ Milton. ☐ Rupert.
„Die Luft gehört mir!“, quakte	☐ Rupert. ☐ Lydia.

2. Mit wem hast du schon einmal Streit gehabt? Worum ging der Streit?
Schreibe auf.

Immerzu Streit

1. Lies die Sätze.
2. In welche Reihenfolge gehören die Sätze? Schreibe die Nummern von 1 bis 8 in die leeren Felder.
3. Schneide die Streifen aus und klebe sie in der richtigen Reihenfolge auf.
4. Trage das Lösungswort in den Lösungssatz ein.

Lösungssatz:

Die drei Frösche ___ ___ ___ ___ ___ ___ ___ ___ ständig!
(1 2 3 4 5 6 7 8)

	Gemeinsam auf der Insel lebten auch drei Frösche.	R
	Auf der Insel gab es viele Pflanzen und Steine.	T
	Milton wollte, dass das Wasser ihm allein gehört.	T
	Die drei Frösche hatten aber ständig Streit.	E
	Sie stritten sich von morgens bis abends.	I
	Rupert sagte, die Erde gehöre nur ihm.	E
	Lydia wollte die Luft mit niemandem teilen.	N
	Es gab einmal einen See mit einer kleinen Insel.	S

Die Kröte beschwert sich

1. Sieh dir die Bilder an.
2. Finde 10 Unterschiede und ○ kreise sie ein.
3. Male das obere Bild aus.

Niemand hört auf die Kröte

1. Schon wieder streiten sich die Frösche. Worum geht es dieses Mal?
   ☒ Kreuze an.

 ☐ 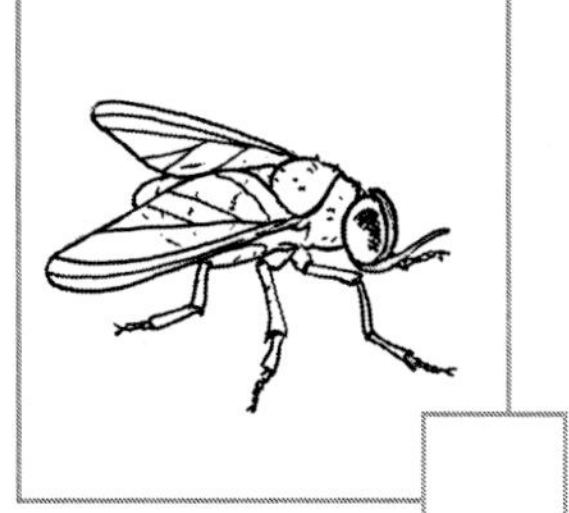 ☐ 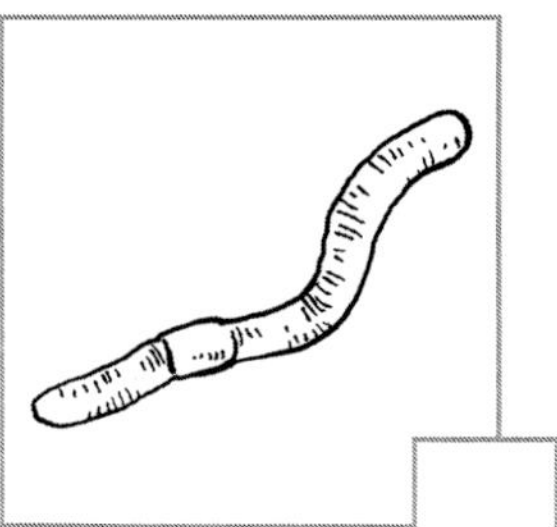 ☐  ☐

2. Schneide die Karten aus.
3. Immer 4 Karten gehören zusammen. Klebe sie sortiert auf ein Blatt.

beschweren	hören	
	2 Frösche	
fangen	Kröte	Milton
laufen		rufen

Der Streit stört die große Kröte

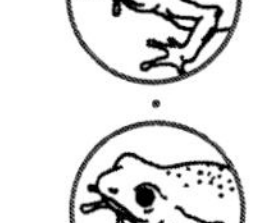

1. Schaue dir das Bild auf dieser Seite an.
   Vergleiche es mit dem Bild im Buch.
2. Ordne die Farben richtig zu.
   Einige Farben kommen nicht vor. Streiche sie durch.
3. Male richtig aus.

blau	grün	rosa
grau		
schwarz		
braun	hellbraun	weiß

4. Welche Wörter passen zu diesem Teil der Geschichte?
   Male die richtigen Kreise an.

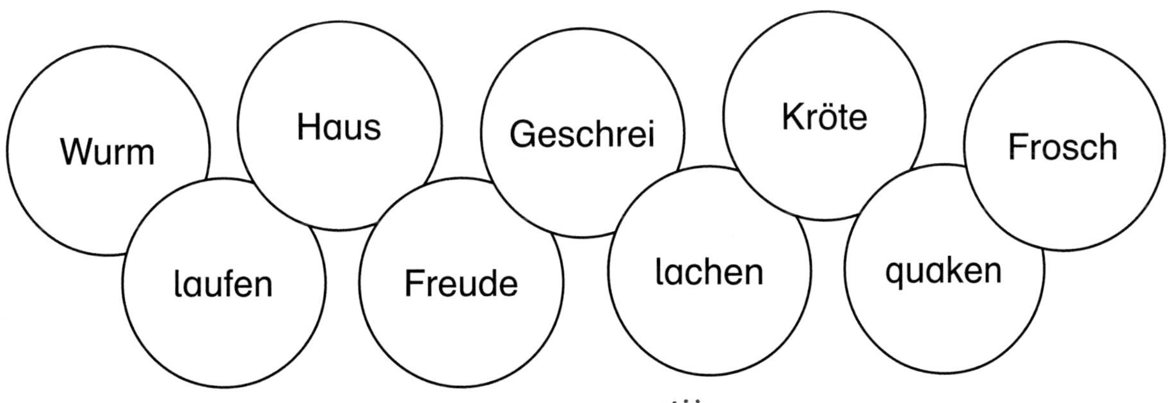

Die Frösche hören nicht zu

1. Lies im Buch.
2. Was genau sagen die Kröte, Milton und zwei anderen Frösche?
   Schreibe es genau ab.

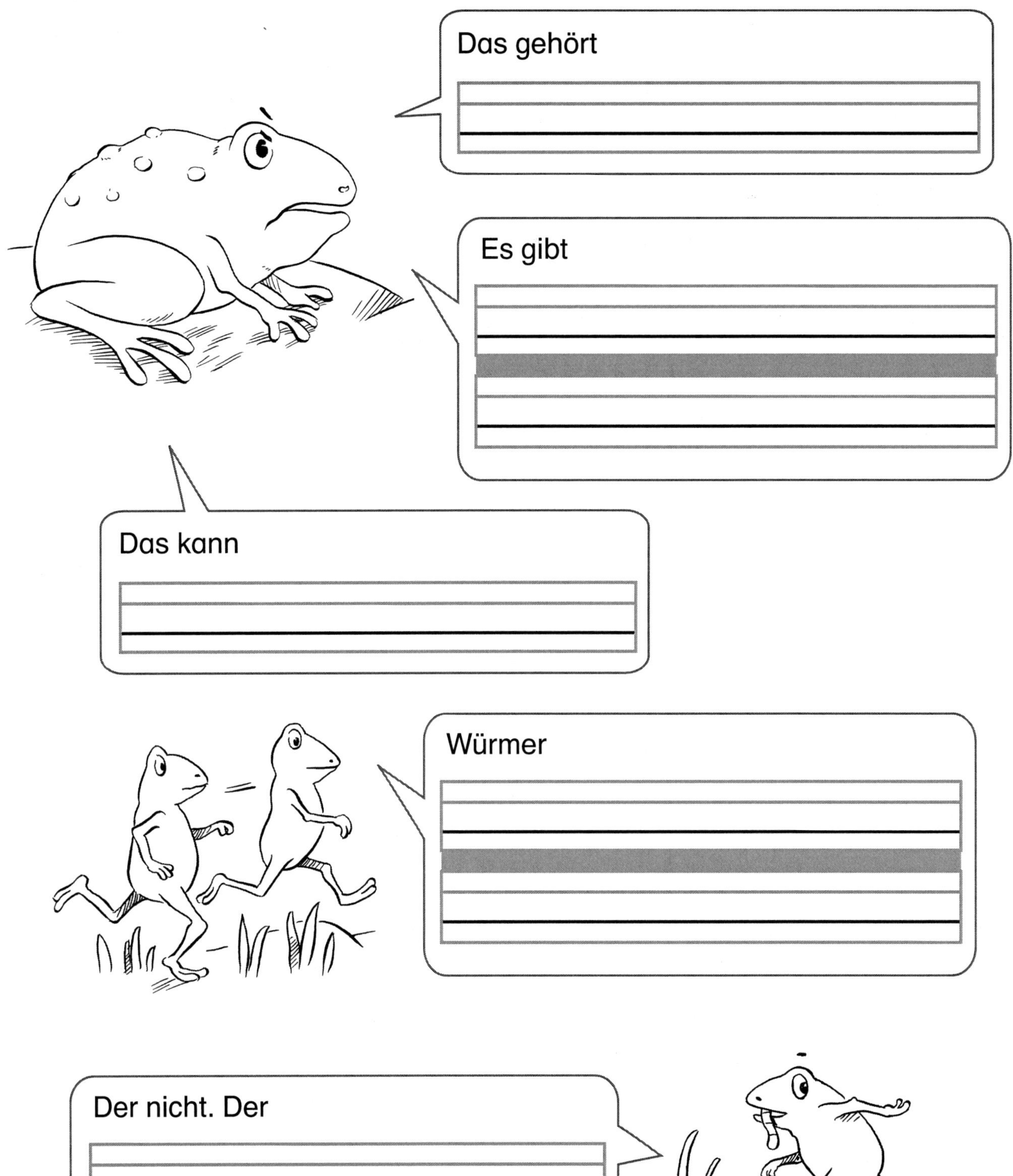

Die Beschwerde bringt nichts

1. Lies die Sätze
2. Kreise ein, ob der Satz richtig oder falsch ist.
3. Trage das Lösungswort in den Lösungssatz ein.

	richtig	falsch
Die große Kröte geht zu den Fröschen.	F	W
Sie versucht den Streit mit Worten zu beenden.	R	T
Die Frösche streiten sich so, dass es niemand mitbekommt.	L	I
Milton fängt einen Schmetterling.	I	E
Die Frösche beenden ihren Streit.	N	D
Die Kröte fühlt sich durch die Streiterei gestört.	E	Ü
Milton teilt den Wurm mit den anderen Fröschen.	T	N

Lösungssatz: Die große Kröte hofft auf ______________ !

4. Was hätte die Kröte vielleicht noch sagen können, damit die Frösche ihren Streit beenden? Schreibe auf.

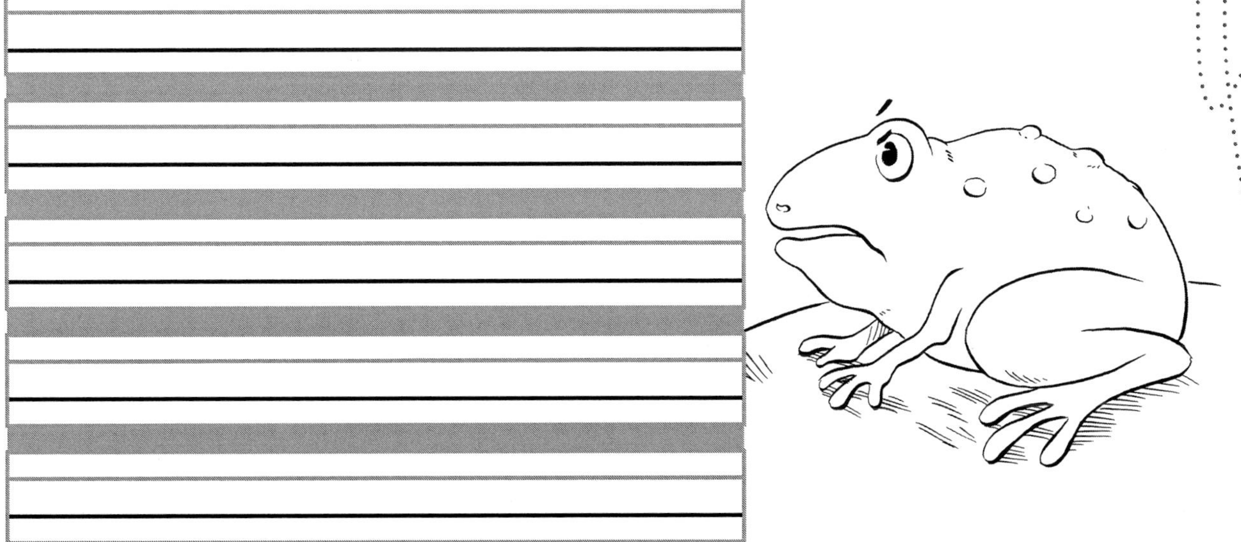

Die große Flut

1. Schaue dir die Bilder an.
2. Bestimme die Reihenfolge. Beginne mit 1.

Die Frösche bekommen Angst

1. Schaue dir die Bilder an. Verbinde richtig.
2. Welche kommen in diesem Teil der Geschichte vor? Male sie aus.

der Schnee

die Wolke

der Regen

die Kröte

die Insel

der Frosch

der Wurm

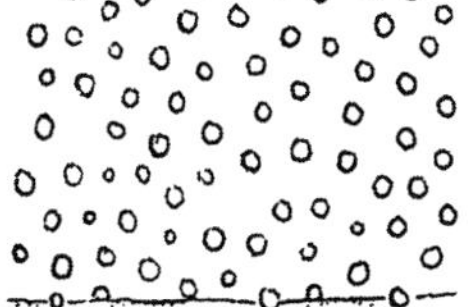
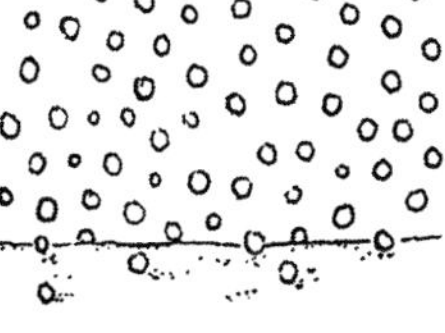

der Stein

der Blitz

Die letzte Rettung

1. Im Suchsel sind 10 Wörter versteckt. Du findest sie → waagerecht und ↓ senkrecht.
   Male sie farbig an: der = blau, die = rot und das = gelb

Frosch – Stein – Regen – Blitz – Donner – Flut – Insel – Angst – Kröte – Wurm

V	F	R	O	S	C	H	X	Ö	S	Ä	D
B	B	V	C	E	W	U	N	L	T	X	O
B	W	F	L	U	T	Y	A	Q	E	Z	N
L	E	G	Z	B	N	X	O	M	I	X	N
I	W	H	J	K	S	Q	V	B	N	X	E
T	K	L	W	E	R	E	G	E	N	Ü	R
Z	Ä	O	M	T	W	U	Z	L	B	N	L
W	Q	I	N	S	E	L	T	R	W	X	Y
H	J	L	K	Y	X	Q	W	G	U	L	U
A	N	G	S	T	J	H	Z	T	R	W	Q
Ä	Ö	T	O	I	W	S	D	B	M	Ö	W
Ü	E	K	R	Ö	T	E	C	S	D	B	N

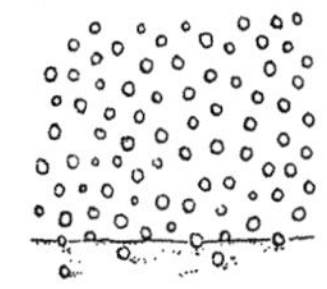

2. Es haben sich zwei Wörter versteckt, die nicht in diesem Teil der Geschichte vorkommen. Schreibe sie auf.

BVK • Kathrin Zindler: Literaturprojekt zu „Das gehört mir!"

Die Angst wird immer größer

1. Welche Satzteile gehören zusammen? Verbinde richtig.

Der Himmel	Angst und ihnen ist kalt.
Es regnet	steigt höher und höher.
Die Insel	wird dunkel.
Die Frösche haben	wird immer kleiner.
Das Wasser	weniger Angst.
Sie retten sich	sehr stark.
Gemeinsam haben sie	auf den letzten Stein.

2. Wovor hast du Angst? Was hilft dir dann? Schreibe es auf.

Die Frösche haben immer mehr Angst

1. Lies die Sätze.
2. Ein Wort ist jeweils zu viel! Streiche es durch.

Der Himmel wurde immer heller dunkler.

Es begann zu donnern und zu regnen schneien.

Die Insel wurde immer größer kleiner.

Die Frösche Kröten hatten große Angst.

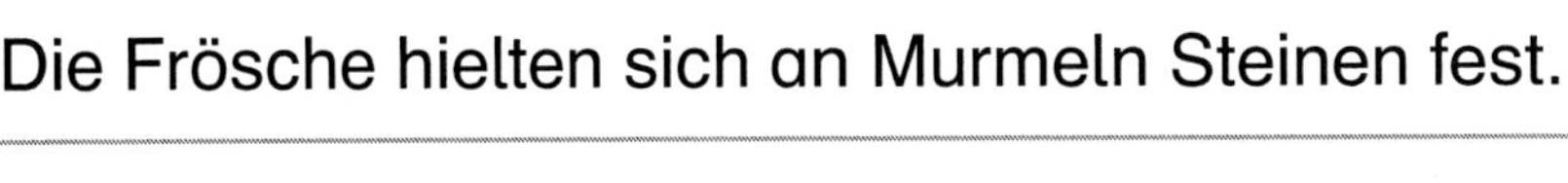

Die Frösche hielten sich an Murmeln Steinen fest.

Das Wasser Meer stieg immer weiter an.

Es war nur noch ein zwei einziger Stein übrig.

Die Frösche stritten retteten sich auf diesen Stein.

Alleine Zusammen hatten sie keine Angst mehr.

Es ist so schön ohne Streit

1. Schneide die Puzzleteile aus.
2. Lege die Teile richtig.
3. Klebe sie auf ein Blatt.
4. Male das Bild aus.

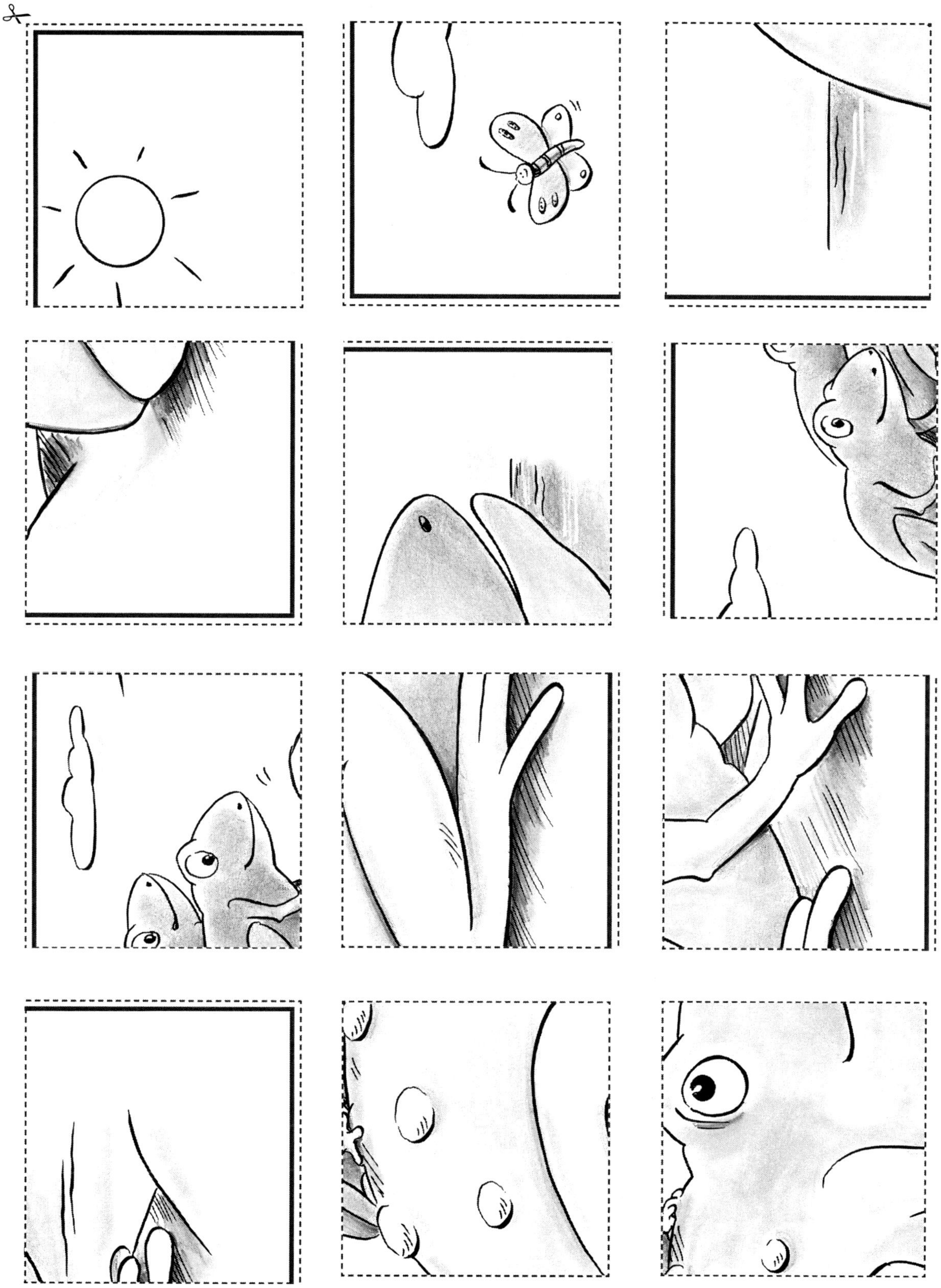

Herrlich ohne Streit

1. Sieh dir das Bild an.
2. ☒ Kreuze an, was du auf dem Bild siehst.
3. Trage die richtigen Buchstaben unten ein.

◯	einen Fisch	K	◯	eine Pflanze	O
◯	einen Baum	B	◯	einen Stein	R
◯	drei Frösche	S	◯	eine Kröte	E
◯	ein Schwein	A	◯	einen See	I
◯	eine Fliege	L	◯	einen Wurm	W
◯	einen Schmetterling	T	◯	eine Sonne	T

Die Frösche wollen nie wieder ___ ___ ___ ___ ___ ___ haben.

Ohne Streit ist es friedlich

1. Lies im Buch nach.
2. Überlege: Wer sagt was?
3. Verbinde richtig.

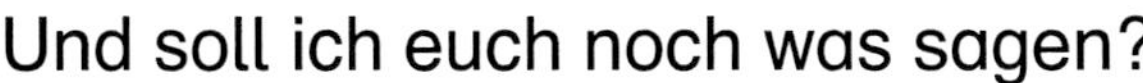

Jetzt ist es so friedlich.

Jetzt haben wir es so schön.

Alles gehört uns zusammen!

Wir sind gerettet dank dir!

Nein, was ist denn?

Lydia

Rupert

Milton

alle drei

3. Was könnten Rupert und Milton auf Lydias Frage antworten?

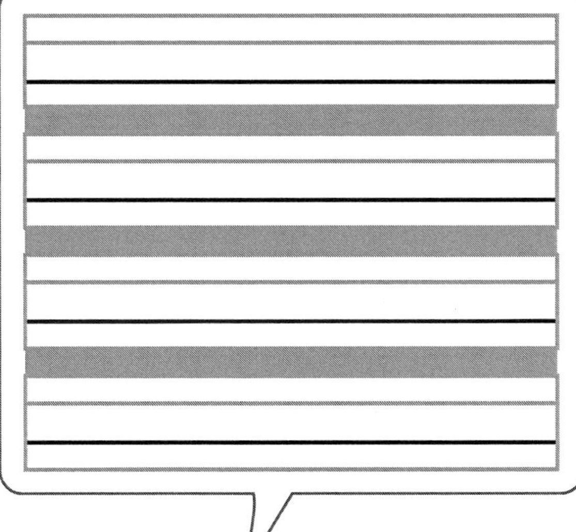

Rupert

Milton

Endlich ist es friedlich

1. Lies genau.
2. Was passt nicht zu diesem Teil der Geschichte?
   Streiche es durch.

Die drei Frösche streiten sich.

Der rettende Stein ist die Kröte.

Rupert schwimmt allein durch den See.

Die drei Frösche freuen sich.

Vor Freunde schwimmen die Frösche einmal rund um die Insel.

Es regnet sehr stark.

Gemeinsam springen sie in die Luft.

Die drei Frösche sind sehr unglücklich.

Noch nie waren sie gemeinsam so glücklich.

3. Was machst du, wenn du dich freust?

Du hast uns gerettet!

Lies und schreibe auf.

Wer rettet die drei Frösche?

Die drei Frösche freuen sich über die Rettung.
Was tun sie nun alles gemeinsam?

Beschreibe, wie es den drei Fröschen nun geht!

Wie löst du einen Streit?

Gemeinsam gegen die Angst

Die drei Frösche retten sich zusammen auf den letzten Stein.
Jetzt fühlen sie sich besser.

1. Streiche durch, was nicht zu den Gedanken der Frösche passt.

Die anderen haben dieselbe Angst wie ich.

Die anderen stören mich.

Gut, dass die anderen hier sind!

Alleine hätte ich viel mehr Platz.

Das ist mein Stein!

Alleine hätte ich viel mehr Angst.

Gemeinsam ist es nur halb so kalt.

2. Was könnte mit dem Sprichwort „Geteiltes Leid ist halbes Leid. Geteilte Freude ist doppelte Freude.“ gemeint sein? Besprecht zu zweit.

3. Findest du Beispiele für das Sprichwort im Buch?
Schreibe oder male.

BVK • Kathrin Zindler: Literaturprojekt zu „Das gehört mir!“

Wer bin ich?

1. Schaue dir die Bilder an. Verbinde richtig.
2. Knicke das Blatt an der gestrichelten Linie.
3. Schreibe die Wörter auswendig auf und kontrolliere sie.
   Denke an die Artikel!

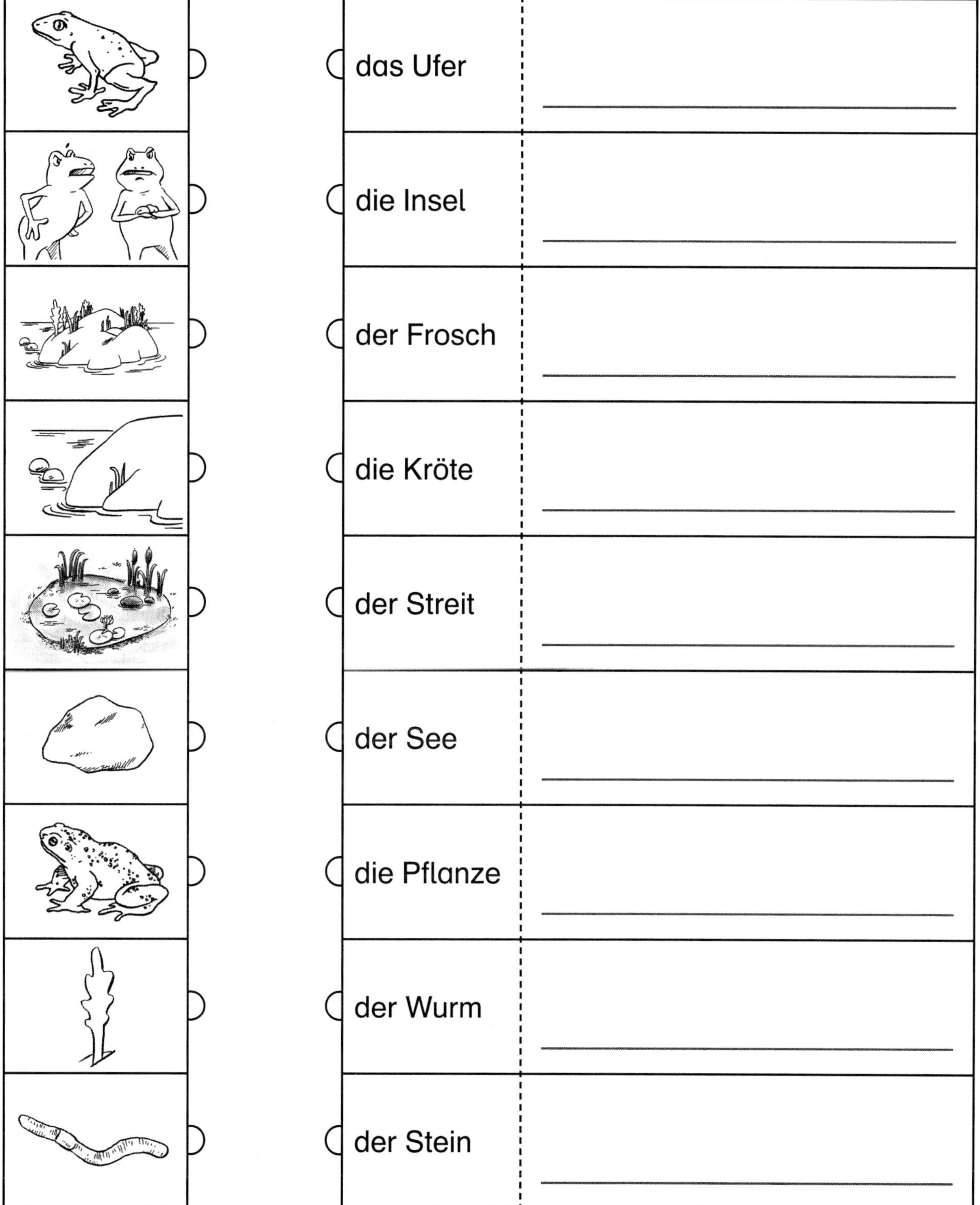

Aufgabe für Profis: Schreibe die Wörter auch in der Mehrzahl auf.

Hier fehlt etwas!

1. Sieh dir die Bilder an. Finde die Unterschiede zum oberen Bild.
   ○ Kreise sie ein.
2. Male das obere Bild an.

Wie heiße ich?

1. Sprich das Wort laut und höre genau.
2. Schreibe die Wörter auf.
3. Verbinde mit dem richtigen Artikel.

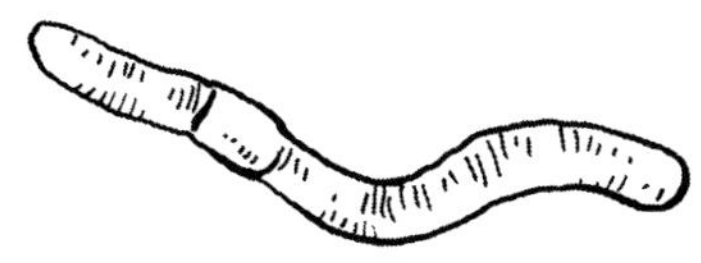

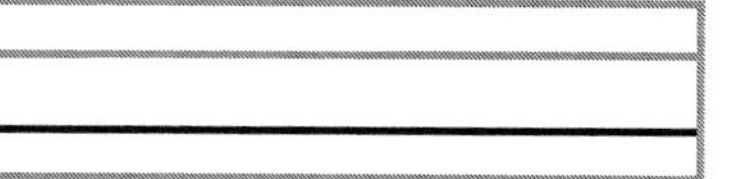

der

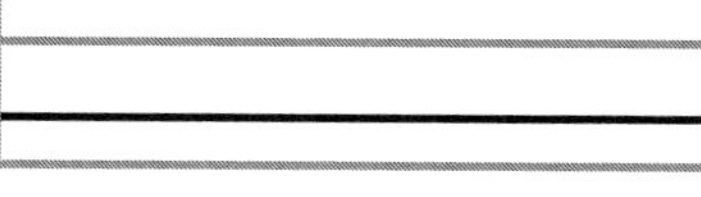

die

das

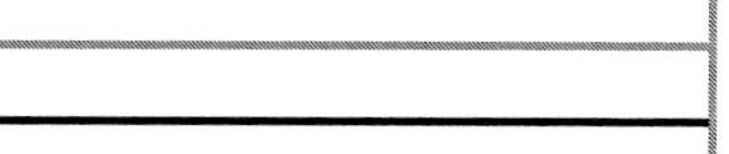
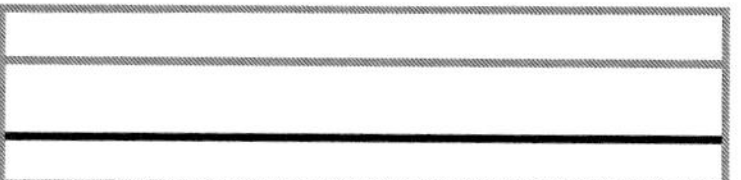

Das gehört mir!

1. Male die Geschichte in 6 Bildern nach.
2. Schneide die Bilder aus. Tackere sie in der richtigen Reihenfolge hintereinander. Nun hast du dein eigenes Bilderbüchlein.

Bei den Fröschen

1. Lies den Text genau.
2. Unterstreiche alle Namenwörter (Nomen) blau.
   Tipp: Namenwörter schreibt man groß. Es sind 14 Wörter.
   Aber passe auf: Wörter am Satzanfang werden immer großgeschrieben.
3. Markiere alle schwierigen Wörter gelb. Schreibe sie auf die Linien. Überprüfe, ob du sie richtig abgeschrieben hast.

Frösche leben am oder im Wasser. Sie haben eine glatte Haut. Durch ihre Haut atmen und trinken die Frösche. Zwischen ihren Fingern haben sie Schwimmhäute. Mit ihrer langen und klebrigen Zunge fangen die Frösche Insekten. Im Winter verstecken sie sich in der Erde oder im Schlamm. Dann fallen sie in eine Winterstarre.

***Zusatzaufgabe:** Lasse dir den Text von einem anderen Kind diktieren. Überprüfe danach deine Rechtschreibung.

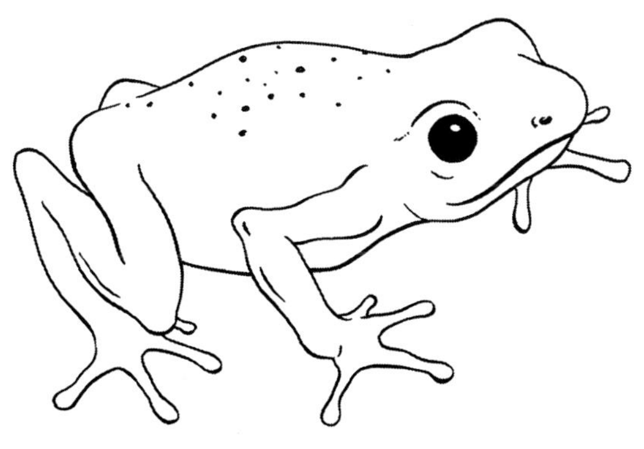

Höre genau!

1. Sprich das Wort laut und höre genau.
2. ○ Kreise den richtigen Anlaut an.
3. Male die Bilder aus.

	V	D	F	P
	W	B	F	Pf
	D	G	E	K
	E	I	W	T
	S	Z	B	St
	T	St	A	S

Was ist nur einmal da?

1. Schaue genau. Ein Bild ist nur einmal da.
   Kreise es ein.
2. Male passende Bilder gleich aus.

Mein letzter Streit

1. Wann hattest du zum letzten Mal Streit?
   Male oder schreibe ihn auf.

Mein letzter Streit

2. Wie hast du dich dabei gefühlt? ☒ Kreuze alle deine Gefühle an!

3. Wie hast du dich wieder vertragen?
   Schreibe in dein Heft oder
   besprecht zu zweit.

Gefühle beim Streit

1. Schaue dir die Bilder der verschiedenen Gefühle an.
2. Lies die Wörter und verbinde richtig.
3. Ein Bild passt nicht. Streiche es durch.

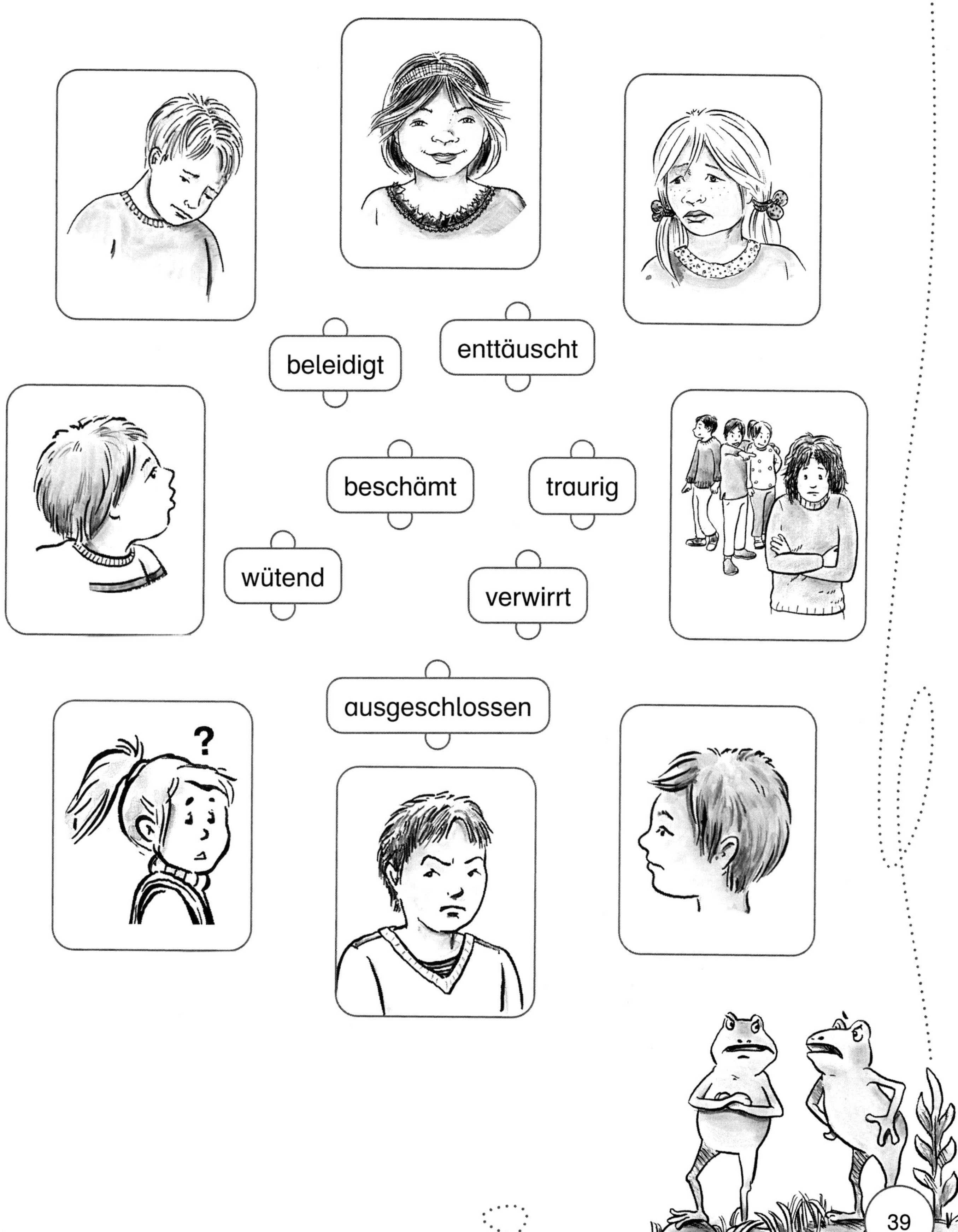

Streiten und vertragen

1. Schaue dir die beiden Bilder an.
2. Lies die Wörter und verbinde richtig.

Entschuldigung · nachdenken · beleidigen · Friede

Geduld · nachgeben · zuhören

Wut · anschreien · verzeihen · Freunde

vertragen · stur · genervt · reden

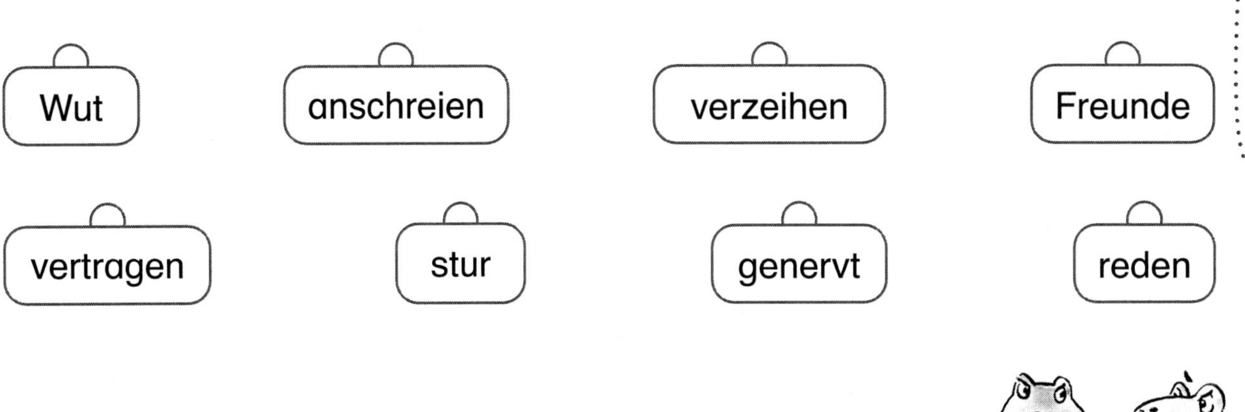

Und nun?

1. Schaue dir die Bilder an.
2. Was können die Kinder tun, um den Streit zu beenden?
   Schreibe auf.

Paul und Anna haben Streit

Paul war wütend auf Anna, weil sie von der Lehrerin gelobt wurde und er nicht. Er hat sie in der Pause beleidigt und beschimpft. Jetzt reden sie nicht mehr miteinander. Eigentlich sind sie ziemlich gute Freunde und gehen jeden Tag gemeinsam zur Schule.

Was kann Paul tun, damit sie sich wieder vertragen?
Schreibe deine Ideen auf.

Zusatzaufgabe: Spielt den Streit von Paul und Anna zu zweit nach. Das könnt ihr auch vor einer Gruppe oder der ganzen Klasse machen. Bringt dabei eure Ideen ein, wie sie sich wieder vertragen können. Besprecht danach, wie es gelaufen ist.

Tipps zum Anfangen:

Paul: Immer wirst du gelobt. Das liegt nur daran, dass du ein Mädchen bist. Blöde Kuh!

Anna: Hey, ich kann nichts dafür!
Was spielst du dich so auf?
Streng dich mehr an, dann wirst du auch gelobt. …

Wie kann man sich wieder vertragen?

1. Lies dir die Ideen durch, um einen Streit zu beenden.
2. Markiere gute Ideen blau.
3. Was könnte den Streit verschlimmern? Markiere gelb.

Ich stampfe mit dem Fuß auf.

Ich gehe erst einmal weg.

Ich beleidige.

Ich schimpfe und schreie.

Ich nehme die Entschuldigung an.

Ich bin stur und gebe nicht nach.

Ich entschuldige mich.

Ich heule, bis ich Recht bekomme.

Ich lehne die Entschuldigung ab.

Wir teilen.

Ich höre zu.

Wir suchen gemeinsam eine Lösung.

Ich sage „Stopp!“ und warte, bis sich mein Gegenüber beruhigt.

Ich hole mir Verstärkung.

Ich reiche dem anderen meine Hand.

Lösungen

Zu „Die drei Frösche streiten sich“, S. 13:

- Auf der Insel im See lebten **drei Frösche.**
- Die drei Frösche zankten sich **immerzu.**
- „Das Wasser gehört mir!“, quakte **Milton.**
- „Die Erde gehört mir!“, quakte **Rupert.**
- „Die Luft gehört mir!“, quakte **Lydia.**

Zu „Immerzu Streit“, S. 14:
Lösungssatz: Die drei Fröschen STREITEN ständig!

Zu „Die Beschwerde bringt nichts“, S. 19:
Lösungssatz: Die große Kröte hofft auf **Frieden!**

Zu „Die große Flut“, S. 20:

Zu „Die letzte Rettung“, S. 22:

	F	R	O	S	C	H			S		D
									T		O
B		F	L	U	T				E		N
L									I		N
I									N		E
T					R	E	G	E	N		R
Z											
		I	N	S	E	L			W		
									U		
A	N	G	S	T					R		
									M		
		K	R	Ö	T	E					

Zu „Die Angst wird immer größer“, S. 23:

- Der Himmel wird dunkel.
- Es regnet sehr stark.
- Die Insel wird immer kleiner.
- Die Frösche haben Angst und ihnen ist kalt.
- Das Wasser steigt höher und höher.
- Sie retten sich auf den letzten Stein.
- Gemeinsam haben sie weniger Angst.

Zu „Es ist so schön ohne Streit“, S. 25:

Zu „Herrliche ohne Streit“, S. 26:
Die Frösche wollen nie wieder STREIT haben.